Lieber Leser,

die Idee für diesen Ratgeber ist während der Begleitung meines Mannes in seiner Krankheitsphase entstanden. In den 16 Monaten von der Diagnosestellung bis zu seinem Tod wurden mehrfach Gutachten zu Hause, im Krankenhaus oder ohne sein Beisein nach Aktenlage erstellt.

Auch bei mir wurden aufgrund meiner Multiple Sklerose-Erkrankung mehrere medizinische Begutachtungen durchgeführt.

In meiner Hausarztpraxis habe ich über 21 Jahre meine Patienten bei anstehenden Gutachten beraten.

In diesem Ratgeber teile ich meine Erfahrungen mit Ihnen.

Mir ist es wichtig, dass Sie sich trotz der Einschränkungen durch Ihre Erkrankung auf eine medizinische Begutachtung, dessen Ergebnis Ihr tägliches Leben mehrere Jahre beeinflussen kann, vorbereiten können. Denn das Ergebnis hat nicht nur finanzielle Konsequenzen, sondern es hat einen Einfluss z. B. auch darauf, welche Hilfsmittel Ihnen zur Verfügung gestellt werden und welche Erleichterungen Sie im Alltag bekommen können.

Ruth Frings

Bad Harzburg, April 2021

Für meine Freundin Ingeborg Calließ-Schäfer

Ruth Frings

Vorbereitung auf eine medizinische Begutachtung

Wie soll ich mich verhalten, wenn es um ein Gutachten für die Berufsunfähigkeit, Erwerbsminderung, Schwerbehinderung oder den Pflegegrad geht?

- Optimal vorbereitet, sicher auftreten, mit dem Ergebnis umgehen -

www.tredition.de

© 2021 Ruth Frings
Umschlag, Illustration: Tredition

Verlag & Druck: tredition GmbH, Halenreie 40-44, 22359 Hamburg

ISBN
978-3-347-23886-2 (Paperback)
978-3-347-23887-9 (Hardcover)
978-3-347-23888-6 (e-Book)

In diesem Ratgeber wird aus Gründen der besseren Lesbarkeit das generische Maskulinum verwendet. Weibliche und anderweitige Geschlechteridentitäten werden dabei ausdrücklich mitgemeint, soweit es für die Aussage erforderlich ist.

Inhaltsverzeichnis

Vorwort

Bei einer medizinischen Begutachtung wird der Patient auf seine Einschränkungen und Behinderungen durch seine Erkrankung untersucht und begutachtet und zwar zum aktuellen Zeitpunkt. Daher kann es wichtig sein, sich im Vorfeld Gedanken darüber zu machen, was vor der Beeinträchtigung alles möglich war und diese Diskrepanz zu benennen.

In der relativ kurzen Zeit während der Begutachtung macht sich der Untersucher nach vorheriger Akteneinsicht ein Bild von dem jetzigen Zustand durch Untersuchung, Anamnese (Vorgeschichte einer Krankheit) und den vorliegenden Befunden.

Die Ärzte, die eine medizinische Begutachtung durchführen, sind Fachärzte mit zusätzlicher Ausbildung und Ermächtigung zum Erstellen von Gutachten.

Sie beurteilen den Patienten auf Grund seiner aktuellen Situation und geben im Gutachten ein neutrales, objektives Urteil über den Krankheitsstatus ab. Daraus ergeben sich Entscheidungshilfen für die Krankenkassen, Rentenkassen und Versorgungsämter in Bezug auf eine mögliche finanzielle Versorgung oder andere Hilfestellungen.

Daher kann die Vorbereitung auf ein medizinisches Gutachten und das Wissen, wie eine solche Begutachtung abläuft, was während einer Begutachtung wichtig ist und wie man sich verhält, von Bedeutung sein.

Dieser Ratgeber spricht die Phase der Vorbereitung für eine medizinische Begutachtung, den Ablauf und die Möglichkeiten für einen Patienten nach einer Beurteilung an.

Vorladung zur Begutachtung

Medizinische Gutachter (medizinische Sachverständige) werden eingesetzt, wenn die Entscheidungsträger wie Rentenkassen, Versorgungsämter, Gerichte und Versicherungen nicht über das entsprechende medizinische Fachwissen verfügen. Sie beauftragen zur Beurteilung der Leistungspflicht unabhängige, dem Patienten fremde Ärzte. Es kann sich z. B. um die Begutachtung einer Schwerbehinderung, um ein Rentengutachten oder eine Versicherungsleistung handeln.

Vom Medizinischen Dienst der Krankenversicherung (MDK) wird ein Gutachter für die Einstufung des Pflegegrades beauftragt.

In manchen Fällen findet eine sozialmedizinische Begutachtung ohne Vorladung des Patienten nach Aktenlage statt.

Die Ärzte und Gutachter des MDK beurteilen den Antragsteller objektiv, unparteiisch und neutral zu seinem aktuellen Gesundheitszustand, den vorhandenen funktionellen Einschränkungen und seinem aktuellen Leistungsvermögen. Mit diesem Ergebnis liefern sie dem Auftraggeber die Basis für seine Entscheidung.

Der Umfang und der Schwerpunkt des Gutachtens ergeben sich aus der Fragestellung des Auftraggebers. Der Gutachter selbst trifft keine Entscheidung, er ist Sachverständiger, obwohl seine Beurteilung sich meistens mit der der Behörden deckt.

Ein Gutachter hat die Aufgabe, die Leistungsansprüche des Antragstellers gegenüber der Solidargemeinschaft, der Versicherung oder dem Staat vom medizinischen Aspekt sachlich, unabhängig und nach aktuellem Wissensstand der Schulmedizin zu beurteilen. Der Gutachter prüft das Leistungsvermögen in qualitativer und quantitativer Hinsicht in Bezug zu den Diagnosen, zeichnet Einschränkungen auf, gibt eine Prognose hinsichtlich einer Besserung ab, prüft auf

Regressansprüche bei Fremdverschulden und gibt Hinweise zu einer Leistung zur Teilhabe wie medizinische Rehabilitation.

Der Gutachter vergleicht die aktuellen Fähigkeiten des Patienten, die durch sein Gutachten erhoben werden, mit dem Anforderungsprofil der zuletzt ausgeübten Tätigkeiten und gibt eine Einschätzung ab, inwieweit diese Tätigkeiten noch ausgeübt werden können.

In seiner Position als Gutachter ist er nicht weisungsgebunden und darf nicht Ihr Hausarzt, sondern muss ein Ihnen fremder Arzt sein.

Das Gutachten wird nachvollziehbar und verständlich für den Auftraggeber verfasst. Es gliedert sich in Anamnese, Untersuchung, Überprüfung bestehender Diagnosen, Beurteilung des Krankheitsverlaufs mit Prognose, sozialmedizinischer Leistungsbeurteilung und Ergebnis des Gutachtens.

Grundlage sind ein ausführliches Gespräch und eine eingehende Untersuchung von Gutachtern bzw. Ärzten aus verschiedenen, für das jeweilige Gutachten relevanten Fachgebieten.

Der Versicherte hat bei einer Entscheidung im Verfahren um Versorgungsleistungen eine Pflicht zur Mitwirkung. Das heißt, dass er bei einer Vorladung eine gutachterliche Untersuchung nicht ablehnen kann und Unterlagen für das Verfahren zur Verfügung stellen muss (§ 62 SGB I). Sollte der Versicherte dennoch eine Mitarbeit ablehnen, so kann dies Konsequenzen z. B. in Form von Ablehnung von Leistungen beim Leistungsträger haben.

Der Patient wird schriftlich zu einem Gutachten eingeladen. In dem Schreiben werden Ort und Zeit genannt. Sollten Sie den Termin nicht wahrnehmen können, wenden Sie sich an den Adressaten und bitten um Änderung des Termins.

Den Termin der medizinischen Begutachtung nimmt der Patient allein wahr. Eine Begleitperson ist jedoch grundsätzlich erlaubt. Der Gutachter kann aber aus sachlichen Gründen die Teilnahme einer Begleitperson ablehnen. Ausnahme: bei der Begutachtung durch den MDK ist es erwünscht, dass die pflegende Person beim Gespräch anwesend ist.

Das gutachterliche Gespräch und die Untersuchung dauern in der Regel ein bis drei Stunden, gegebenenfalls länger. Bitte denken Sie an ein Getränk oder einen Snack in den Pausen zwischen der Untersuchung.

Der gutachterliche Termin beinhaltet keine therapeutischen Ratschläge, sondern dient ausschließlich der Feststellung des Grades der Leistungsminderung durch die Erkrankung und Behinderungen.

Die Kosten eines Gutachtens trägt der Auftraggeber. Bei der Prüfung auf Erwerbsminderung wird ein Gutachter von der Rentenkasse bzw. von dem Versorgungswerk beauftragt. Wenn Sie einen Anwalt beauftragt haben und dieser ein Gutachten vorschlägt, müssen die Kosten von Ihnen getragen werden.

Fahrtkosten für die ärztliche Begutachtung vom Wohnort zum Untersuchungsort werden vom Auftraggeber nach Vorliegen einer Bescheinigung erstattet.

Vor dem Gutachten

Für ein medizinisches Gutachten kann und sollte man sich vor-bereiten. Diese kurze Zeit der Begutachtung ist entscheidend bei-spielsweise für eine finanzielle Unterstützung oder die Leistungser-bringung von Hilfen.

Welche Unterlagen werden benötigt?

Informieren Sie sich vorher, ob alle aktuellen Unterlagen wie

- Medikamentenpläne
- Hausärztliche Atteste
- Arztbriefe
- Befunde von Psychologen, Physiotherapeuten usw.
- Stationäre Entlassungsberichte
- Reha-Berichte
- CDs von bildgebenden Verfahren (Röntgen, CT, MRT)
- Labor- und Untersuchungsbefunde

bereits dem Gutachter vorliegen, oder ob Sie diese zur Begutach-tung mitbringen sollen. Manche Gutachter senden mit dem Termin auch eine detaillierte Befundanforderung, die Sie dementsprechend vorher einholen.

Folgende Punkte können Sie vorab erledigen bzw. besorgen:

- Fachärztliche Abklärung aller Beschwerden und Lei-den
- Adressen der behandelnden Ärzte
- Bescheide über Pflegegrad u. Schwerbehinderung

Haben Sie eine Vorladung zum medizinischen Gutachten bekommen, legen Sie die Vorladung bei den Ärzten, deren Befunde Sie benötigen vor. Es erleichtert Ihnen die Beschaffung dieser Befunde. Die oben genannten Unterlagen sind in der Regel bei Ihrem Hausarzt in Ihrer Patientenakte hinterlegt, wenn er die Untersuchungen veranlasst und Ihnen die Medikamente verordnet hat.

Achten Sie darauf, dass auch Beschwerden, die nicht zur Hauptdiagnose gehören, vorab fachärztlich abgeklärt sind. Der Gutachter schlussfolgert daraus, dass auch diese Leiden Sie beeinträchtigen. Es fließen in die Beurteilung alle abgeklärten und diagnostizierten Beschwerden ein.

Die Adressen der behandelnden Ärzte können Sie selbst erstellen und müssen Sie bei einem Antrag auf Schwerbehinderung bei der Antragstellung bereits angeben.

Bescheide über Feststellung des Pflegegrades und des Grads der Behinderung werden Ihnen persönlich zugestellt und müssten daher gegebenenfalls vorliegen.

Sind in den Befunden oder Arztberichten Ihrer Meinung nach Abweichungen / Unstimmigkeiten Ihrer Krankengeschichte, sollten diese im Vorfeld mit dem behandelnden Arzt geklärt und korrigiert werden. Wichtig ist, dass Aussagen während der Begutachtung nicht später revidiert werden. Das wirkt unglaubwürdig.

Welche Unterlagen erstelle ich vorab selbst?

Zum Termin des medizinischen Gutachtens sollten Sie **die eigene Krankengeschichte in chronologischer Reihenfolge** bei sich haben und ein Exemplar dem Gutachter übergeben. (Tabelle 1, Anhang)

Hier erwähnen Sie den zeitlichen Beginn aller Beschwerden und Beeinträchtigungen sowie das Ausmaß und die Häufigkeit. Haben

Sie Schmerzen? In welcher Art und Heftigkeit? Wann treten die Schmerzen auf?

Auch gesundheitliche Störungen und Leistungseinbußen, die Sie nicht immer beeinträchtigen, werden hier dokumentiert. Wie erleben Sie Ihre Krankheitssituation?

Erwähnen Sie auch, wenn durch die jahrelange Belastung einer Erkrankung Komplikationen oder Folgeschäden aufgetreten sind.

Welche Beschwerden aktuell hinzugekommen sind, dokumentieren Sie in einer weiteren Spalte.

Sind Allergien bei Ihnen bekannt, wenn ja, mit welchen Auswirkungen?

Bei chronischen Erkrankungen ist es wichtig aufzuzeigen, ob es beschwerdefreie Zeiträume gibt, welche Beschwerden immer vorhanden sind und welche Verschlechterungen sich seit wann abzeichnen.

So gehen Sie sicher, dass Sie während der Begutachtung durch mögliche Anspannung und Aufregung nichts vergessen zu erwähnen.

Manche Beschwerden und Einschränkungen sieht man Ihnen vielleicht äußerlich nicht an. Daher ist es wichtig, auch diese während der Begutachtung offen anzusprechen.

Medizinische Diagnosen entnimmt der Gutachter aus den Arztberichten, diese müssen Sie daher hier nicht erwähnen.

Sinnvoll ist es, eine **Tabelle von einem individuellen Tagesablauf** über einen durchschnittlichen ganzen Wochentag in Tagesabschnitten für Hausarbeit und Arbeitszeit zu erstellen. (Tabelle 2 a und b, Anhang)

In der einen Rubrik schildern Sie die Leistungen körperlich und psychisch, wie sie vor der Erkrankung waren. In der anderen Rubrik beschreiben Sie, was jetzt noch mit der Erkrankung möglich ist. Erwähnen Sie hier auch Tätigkeiten, die Sie gar nicht mehr ohne fremde Hilfe leisten können (z. B. Fensterputzen) respektive Tätigkeiten, für die Sie wesentlich mehr Zeit benötigen als vor der Erkrankung. Sind Sie etwa auf Tiefkühlkost angewiesen, weil Sie mit Ihren Händen kein frisches Gemüse mehr zubereiten können?

Aussagekräftig ist ein **Stundenprotokoll der Arbeitszeit und Hausarbeit vor und nach der Erkrankung** mit einer Auflistung an Stunden, die Sie vor der Erkrankung täglich ohne Beeinträchtigung gearbeitet haben und wie sich die Stundenverteilung nach der Erkrankung ergibt. (Tabelle 3, Anhang)

In dieser Tabelle tragen Sie die Stundenzahl der Arbeitszeit (beruflich) und der Zeit für Ihre Hausarbeit ein vor bzw. nach der Erkrankung.

Auf einem weiteren Blatt können Sie **Ihr Leistungsvermögen** bei den entsprechenden Fähigkeiten mit Einschränkungen leicht, mittel, stark und nicht mehr möglich nennen. Die Tabelle bietet Ihnen eine Auswahl an Fähigkeiten. Bitte ergänzen Sie die Tabelle individuell. (Tabelle 4, Anhang)

Wird **fremde Hilfe** benötigt, sollte man diesen Zeitaufwand unter Nennung der Namen der Helfenden dokumentieren. Beschreiben Sie hier detailliert auch, welche Tätigkeiten Ihnen komplett von fremder Hilfe abgenommen werden. (Tabelle 5, Anhang)

Werden **Hilfsmittel** benötigt, um Dinge des täglichen Bedarfs zu verrichten, ist dies auch zu dokumentieren. (Tabelle 6, Anhang)

Sie müssen sich für eine Begutachtung nicht über das Maß perfekt stylen. Damit erwecken Sie subjektiv den Eindruck eines gesunden Menschen, der Zeit und Kraft hat, sich ausgiebig um sein äußeres Erscheinungsbild zu kümmern. Somit könnte der Gutachter einen falsch positiven Eindruck von Ihnen bekommen. **Kleiden Sie sich so, dass Sie sich in Ihrem Outfit wohl fühlen.**

Während des Gutachtens

Während der Befunderhebung und der Begutachtung ist der Patient in der Regel allein mit dem Gutachter.

Am Anfang der Begutachtung fragt der Gutachter nach Ihrem Befinden, erkundigt sich nach Ihrem Gesundheitszustand, Familienstand und beruflichem Werdegang. Es folgen Fragen zu den aktuellen Beschwerden und Behinderungen. Zu einer solchen Anamnese (Erhebung der Krankengeschichte) gehört auch die Frage nach Erkrankungen, Todesursachen und möglicher erblicher Belastungen der nahen, verwandten Angehörigen.

Wichtig ist, dem Gutachter während des Gesprächs aufzuzeigen, was jetzt alles mit der neuen Lebenssituation durch die Erkrankung nicht mehr möglich oder anders ist. Ihre **angefertigte Übersicht über Ihren Tagesablauf in der Woche, Ihre Stunden an Arbeitszeit und Hausarbeit und Ihr Leistungsvermögen** (Tabelle 2 a und b, 3 u. 4, Anhang) dient Ihnen als Hilfe.

Der Gutachter spricht während der Begutachtung die Bereiche im täglichen Leben wie Haushalt, Garten, Arbeits- und Berufsleben, Freizeitgestaltung, Sport und Hobbys, geistige Aktivitäten und Freundeskreis an. Sie dürfen selbst die Bereiche ergänzen, bei denen Sie Einschränkungen haben, wenn am Ende nicht alles angesprochen wurde.

Zu Beginn wird in der Regel der Gutachter den Untersuchenden bitten, ihn von der ärztlichen Schweigepflicht zu entbinden.

Ziel der Begutachtung ist, die aktuell vorhandenen Einschränkungen und das Ergebnis der gutachterlichen Untersuchung objektiv mit den vorhandenen Diagnosen abzugleichen. Daraus wird ihre aktuelle Leistungsfähigkeit bezüglich der Fragestellung des Auftraggebers bestimmt und eine Prognose zu einer möglichen Besserung abgeben. Aus allem ergibt sich der Grad der Leistungsminderung und daraus resultierend der Anspruch auf Ausgleich.

Bitte beachten Sie für den Ablauf des Gutachtens: **Hinter allem, was der Gutachter tut, steckt eine Sinnhaftigkeit.**

Auswirkung der Krankheit oder Behinderung auf Hobbys, Freizeitgestaltung und Freundeskreis

Eine mögliche **soziale Isolation** und eine **Vereinsamung** bedingt durch die Behinderung oder Erkrankung muss dringend erwähnt werden:

Wenn Sie z. B. durch Ihre Einschränkung nicht mehr am Vereinsleben teilnehmen können oder die Fahrt dorthin nicht mehr allein bewältigt werden kann, teilen Sie dies mit.

Haben Sie Ämter krankheitsbedingt niedergelegt? Schildern Sie, wobei Sie überall nicht mehr teilnehmen können. Lassen Sie Ihr Abo beim Fitnessstudio ruhen oder haben es sogar gekündigt? Haben Sie sich von Treffen mit Freunden zurückgezogen?

Was hat Ihre Erkrankung für Auswirkungen auf die familiäre Situation? Können alle mit der Belastungssituation umgehen?

Können Sie noch Urlaube uneingeschränkt planen oder können Sie womöglich nicht mehr alleine fahren? Sind Sie in engmaschigen medizinischen Therapien (z. B. Chemotherapie, Physiotherapie) dass ein Urlaub zeitlich gar nicht mehr möglich ist?

Dokumentieren Sie die Zeiten, die Sie **wöchentlich bei Ärzten oder Therapeuten** verbringen.

Auswirkung der Krankheit oder Behinderung auf das Arbeits- und Berufsleben

Der Gutachter stellt auch Fragen zu Ihrem **beruflichen Werdegang** und Ihrer beruflichen Qualifikation.

Führen Sie auf, wie oft Sie wegen der Erkrankung von Ihrem behandelnden **Ärzten arbeitsunfähig** geschrieben wurden. Tritt eine neue Erkrankung ein, muss diese auch ergänzend benannt werden und auch hier die Zeiten der Arbeitsunfähigkeit dokumentiert werden.

Andere Erkrankungen von Ihnen, die nicht zum Fachgebiet des Gutachters gehören, sollten Sie trotzdem zur Vervollständigung Ihres Beschwerdebildes angeben.

Beschwerden, die Sie oder andere während Ihrer beruflichen Ausübung gefährden, müssen erwähnt werden, auch wenn diese, wie zum Beispiel Schwindelanfälle oder Kreislaufprobleme, nicht zur Hauptdiagnose gehören.

Bei dieser sozialmedizinischen Fragestellung beschreiben Sie dem Gutachter, was Ihre beruflichen Aufgaben sind, wie Ihre Arbeitsbedingungen sind und wie sich diese auf Ihre Krankheit und Einschränkungen am Arbeitsplatz auswirken. Bei welchen Abläufen, nach welcher Zeit kommt es zur Verschlechterung der Symptome?

Auswirkungen der Krankheit oder Behinderung auf das Alltagsleben, den Haushalt und die geistige Aktivität

Leiden Sie unter **Schmerzen**, sollten Sie dies berichten. Denn der Gutachter kann nicht Ihre persönlichen Befindlichkeiten in der kurzen Zeit erkennen. Auf gar keinen Fall dürfen Sie ein schmerzlinderndes Medikament vorher einnehmen, um dort einen guten Eindruck zu machen. Auch Zähne zusammenbeißen ist nicht angesagt. Benötigen Sie eine Pause oder können nicht mehr sitzen, bringen Sie es zum Ausdruck.

Bewegungen, die im täglichen Leben wegen der Schmerzsymptomatik gemieden werden, sollten während des Gutachtens angesprochen werden.

Erwähnen Sie explizit, welche Aktivitäten der Schmerzlinderung dienen wie z. B. Schwimmbadbesuche oder sportliche Aktivitäten.

Bringen Sie **Gehhilfen oder Hilfsmittel** für den täglichen Bedarf mit z. B. einen Gehstock oder ein Sitzkissen. (Tabelle 6, Anhang)

Leiden Sie z. B. an einer Reizblase, müssen sie sich nicht quälen, sondern sollten auch während der Begutachtung die Toilette aufsuchen.

Erwähnen Sie,

- wenn die **Konzentration** nicht nur beim Lesen oder Fernsehen schwerfällt, sondern auch beim Folgen von Gesprächen in der Freundesrunde.
- wenn Spaziergänge ohne Pausen nicht mehr möglich sind und die **Wegstrecke sich verkürzt** hat. Nennen Sie die maximale Gehstrecke und die Pausen, die Sie zwischendurch benötigen. Dies lässt Rückschlüsse auf Ihre Restleistungsfähigkeit zu.
- wieviel **länger Zeit Sie für Verrichtungen im täglichen Ablauf** benötigen oder diese nicht mehr alleine schaffen.
- **Hilfsmittel**, die Sie für die Zubereitung der Mahlzeiten benötigen.
- ob Sie die Mahlzeiten im Sitzen zubereiten oder Sie gar schon „**Essen auf Rädern**" bestellt haben?
- wie **hoch der zeitliche Aufwand** durch Ihre Beeinträchtigung im täglichen Leben bei der Körperpflege und beim Ankleiden ist.

- konkrete **Änderungen in Ihrem Speiseplan**, weil ihnen die Zubereitung jetzt schwerfällt.
- Ihre **Restleistungsfähigkeit**, wenn Sie detailliert bildhaft beschreiben, was genau jetzt nicht mehr möglich ist.
- alles, was Ihre **Leistungsfähigkeit beeinträchtigt**.
- wenn Ihre **Leistungsfähigkeit nicht jeden Tag konstant** ist. Für den täglichen Ablauf und die Planung ist es erschwerend, wenn Sie an manchen Tagen nicht die Kraft haben, sich überhaupt ein Essen zuzubereiten. Haben Sie z. B. einen Therapietag, der Sie besonders anstrengt, kann es durchaus sein, dass am nächsten Tag Routineverrichtungen nicht möglich sind auszuführen.
- ob sie sich noch trauen, Auto zu fahren? Fahren Sie nicht mehr bei Dunkelheit? **Nutzen Sie ausschließlich den öffentlichen Personennahverkehr**?
- wie viele **Termine an Arztbesuchen und therapeutischen Anwendungen** Sie pro Woche haben, welche Ihnen Zeit und Kraft kosten?
- dass Sie Ihren Haushalt nur mit vielen Pausen erledigen können. Haben Sie bereits eine **Hilfe im Haushalt**? (Tabelle 5, Anhang)

Bedenken Sie, wenn Sie täglich in der Lage sind, 3 Stunden im Haushalt zu arbeiten, kann im Umkehrschluss gefolgert werden, dass Sie 3 Stunden einer Arbeit nachgehen können und somit ist eine volle Erwerbsminderung nicht gegeben. Wenn Sie täglich 6 Stunden oder mehr einer häuslichen Tätigkeit oder Hobbys nachgehen können, haben Sie keinerlei Rentenansprüche.

Die Aussage, dass Ihnen die Familie hilft, sollte genauer geschildert werden. Die **helfenden Personen** sollten Sie namentlich nennen und mit konkreten Beispielen und **Zeitangaben die Hilfestellung** beschreiben.

Falls Ihnen Jemand **beim Ausfüllen von Formularen** und Anträgen hilft, erwähnen Sie dies.

Gibt es frühere Gutachten, geben Sie eine mögliche Diskrepanz zu heute oder eine Verschlechterung Ihrer aktuellen Situation an.

Was erwartet mich bei der Begutachtung? Worauf muss ich achten?

Ihre **Glaubwürdigkeit** während der Begutachtung ist extrem wichtig. Unstimmigkeiten in der Darstellung oder Korrekturen während der Begutachtung oder sogar spätere Klarstellungen durch Ihren Anwalt beeinträchtigen Ihre Glaubwürdigkeit.

Die **Begutachter prüfen auch indirekt.** Wenn Sie aufgefordert werden, das Behandlungszimmer zu wechseln oder bei der Pflegegradbegutachtung bei sich zuhause „einmal schnell die sanitären Anlagen zu zeigen" aufspringen, ist der Hinweis, dass Sie gehbehindert sind, unglaubwürdig.

Die Begutachtung beginnt mit der Begrüßung und dem Händedruck und endet mit der möglichen Beobachtung des Gutachters durch das Fenster mit Blick auf den Parkplatz und die Straße, wenn Sie das Gebäude verlassen!

Es können auch **intime, persönliche Fragen** gestellt werden. Bitte haben Sie keine Scham und beantworten Sie diese Fragen, wenn möglich. Sie haben aber auch das Recht, Fragen nicht zu beantworten oder zu einem späteren Zeitpunkt während der Begutachtung darauf einzugehen.

Insgesamt ist es nicht hilfreich, wenn Sie während der Untersuchungssituation den Gesundheitszustand besser darstellen, weil Sie sich eventuell über Ihr körperliches Unvermögen schämen. Auch unvollständige Angaben können die Beurteilung zu Ihren Ungunsten erschweren.

Nach dem **Gespräch** folgt in der Regel eine **körperliche Untersuchung,** zu der Sie gebeten werden, sich bis auf die Unterwäsche zu entkleiden. Auf jeden Fall wird das geschädigte Körperteil untersucht. Funktionseinschränkungen im Bewegungsablauf werden dokumentiert.

Im weiteren Verlauf können noch **spezielle Untersuchungen an medizinischen Geräten** erfolgen wie z. B. ein EKG. Welche Untersuchungen in Ihrem Fall nötig sind und wie diese ablaufen, wird vorher erklärt.

Bei einer **psychologischen Begutachtung** wird oft mit Fragebögen gearbeitet, die Sie vor Ort im Beisein des Arztes ausfüllen.

Die Befunde aus den vorliegenden Akten, die Untersuchungsergebnisse während der Begutachtung und das Ergebnis aus dem Gespräch fließen in die Begutachtung ein.

Sollte ein inhaltlich **abweichendes Vorgutachten** vorliegen, verweisen Sie auf die Zeit, die zwischen den Gutachten liegt und Ihre körperlichen Veränderungen. Erwähnen Sie, falls es stimmt, dass der Vorgutachter in einem anderen Fachgebiet tätig war.

Sie dürfen auch während des Verlaufs äußern, dass **die Begutachtung Sie über das normale Maß anstrengt** und Sie sich nicht mehr konzentrieren können oder gar eine Pause benötigen.

Haben Sie während der Begutachtung den Eindruck, der Gutachter versteht Ihre Situation nicht in vollem Umfang, behandelt Sie abwertend, hört Ihnen nicht zu oder ist nicht objektiv, können Sie ihn darauf ansprechen und sogar **die Begutachtung abbrechen!** Dies müssen Sie dann aber zeitnah vor der Institution oder Behörde schriftlich erklären und begründen.

Ein dringender Rat: **Lügen Sie nicht und übertreiben Sie nicht aber tragen Sie Ihr Anliegen umfassend vor.** Die Gutachter arbeiten hauptberuflich mit viel Erfahrung und Menschenkenntnis. Decken diese die Unwahrheit auf, bringt Ihnen dies als Antragsteller nur Probleme, ggf. die Ablehnung von Leistungen. Untermauern Sie Ihre Defizite mit Fakten durch Befunde und vorrausgegangene Untersuchungen.

Fazit

Seien Sie so, wie Sie sich im täglichen Leben mit Ihren Einschränkungen verhalten und stellen Sie Ihre tatsächliche Situation dar.

Seien Sie ehrlich, übertreiben Sie nicht, aber stellen Sie Ihre Defizite auch ganz klar heraus und beschönigen Sie nichts.

Achten Sie darauf, dass Ihre Angaben nicht im Widerspruch zu anderen Aussagen stehen.

Seien Sie freundlich, sachlich und kooperativ während der Begutachtung!

Antworten Sie nur, wenn Sie vom Gutachter gefragt werden. Er führt durch die Begutachtung und seine Einschätzung trägt entscheidend zum Ergebnis bei.

Werden für Sie wichtige Aspekte während der Begutachtung nicht angesprochen, können Sie diese selbstverständlich abschließend ergänzen.

Nach dem Gutachten

Wenn das Gutachten bei dem entsprechenden Auftraggeber vorliegt, können Sie es über Ihren behandelnden Arzt oder Ihren Anwalt in Kopie einfordern. Dieses Dokument kann Ihnen bei anderen Anträgen, wie z. B. der Feststellung eines Pflegegrades oder eines Grades der Behinderung, hilfreich sein.

Der behandelnde Arzt erhält keinen Arztbrief oder Untersuchungsergebnisse vom Gutachterkollegen!

Ein Gutachter darf und wird Sie nicht nach einem Gutachten als Arzt weiter behandeln.

Ein Bescheid über einen Grad der Behinderung (Antrag auf Schwerbehinderung) oder Feststellung eines Pflegegrades wird Ihnen direkt zugestellt.

Gegen ein Gutachten kann innerhalb der üblichen Frist von vier Wochen **Widerspruch** erhoben werden.

Ich rate Ihnen, dafür einen Anwalt (für Sozialrecht) zu beauftragen, der Ihnen professionell zur Seite steht bei allen erforderlichen Akteneinsichten und dem Schriftwechsel.

Bei einer möglichen Klage sollten Sie vorab mit Ihrer Rechtsschutzversicherung die Kostenabdeckung klären.

Fehlerquellen bei Gutachten

- Die fachliche Kompetenz ist nicht gegeben, wenn z. B. ein HNO Facharzt ein psychiatrisches Gutachten erstellen soll.

- Das Gutachten wird nicht vom Gutachter, sondern von einem Mitarbeiter erstellt, der nicht über das spezifisch fachliche Wissen seines Vorgesetzten verfügt.

- Der Gutachter hat falsche Beurteilungsmaßstäbe in der Begutachtung angewendet, z. B. Unfallversicherungsrecht statt Bestimmungen des Versorgungsrechtes.

- Der Gutachter zieht nicht mehr geltende Richtlinien zur Begutachtung heran.

- Der Gutachter hält die Frist nicht ein.

- Der Gutachter nimmt eine subjektive Wertung vor.

- Der Gutachter hat nicht alle Angaben über die Beschwerden aufgeführt.

- Es wurde kein Gespräch mit dem Gutachter geführt.

Begutachtung des Pflegegrades

Der Einstufung des Pflegegrades geht ein Antrag voraus. Dieser kann im Krankenhaus bei einer akuten, schweren Erkrankung beim Sozialdienst des Krankenhauses gestellt werden. Die Begutachtung erfolgt vorbehaltlich und vorläufig noch im Krankenhaus nach Aktenlage oder von Mitarbeitern des Sozialdienstes in einem kurzen Gespräch am Krankenbett.

Der Betroffene kann aber auch jederzeit von zu Hause aus per Telefon oder Mail einen Antrag stellen und bekommt von seiner Krankenkasse ein Formular zugesandt, welches er ausfüllt. Ihr behandelnder Arzt wird auch um Stellungnahme gebeten.

Falls sich der Wohn- und Aufenthaltsort unterscheidet, sollte dies bei Antragstellung vermerkt werden.

Der Termin wird schriftlich angekündigt. Falls dieser mit Arztterminen oder Behandlungen kollidiert, kann er verschoben werden.

Der MDK (medizinischer Dienst der Krankenversicherung) versendet vorab ein Info-Heft mit Informationen zur Pflegebegutachtung. Hier sind die wichtigsten Punkte aufgeführt und Erklärungen zum Punktesystem, wie der Pflegegrad bestimmt wird.

Ein Mitarbeiter des MDK besucht Sie zum angekündigten Termin zu Hause, um die Alltagssituation vor Ort und die Pflegesituation in die Begutachtung mit einfließen zu lassen. Dieser Besuch kann über eine Stunde dauern. Die pflegende Person sollte anwesend sein bzw. der zukünftige Pflegedienst benannt werden.

Führen Sie schon möglichst 2 Wochen vor dem vereinbarten Termin ein Pflegetagebuch. Nur so fallen Ihnen die Beeinträchtigungen und die Hilfen, die Sie bedürfen auf und sind dokumentiert. In dem

Pflegetagebuch vermerken Sie die täglichen Verrichtungen und deren Einzelschritte und den Zeitaufwand, den Sie dafür benötigen.

Diese Seiten im Internet helfen, um sich selbst einzuschätzen bezüglich des Pflegegrades:

https://www.pflegegrad-berechnen.de

https://www.pflege-durch-angehoerige.de/pflegegrade-pflegeleistungen/rechner/pflegegradrechner/

https://www.pflegegrad-beantragen.de/pflegegrad-voraussetzungen/

Übrigens, jemand, der als Pflegegrad 1 begutachtet wurde, kann jemanden mit Pflegegrad 2 betreuen und pflegen.

Die Begutachter geben auch Empfehlungen wie z. B. Einbau einer behindertengerechten Dusche, eines Hilfsmittels (z. B. ein Rollator) oder Beantragung einer Reha-Maßnahme.

Halten Sie auch hier alle Krankenhaus- oder Reha Entlassungsberichte sowie ärztliche Untersuchungsbefunde und Medikamentenverordnungen und - falls vorhanden - den Schwerbehindertenausweis bereit.

Wichtig ist, alle wöchentlichen Arztbesuche und Therapien wie Chemo, Krankengymnastik usw. zu nennen.

Hilfsmittel wie Rollator und Toilettenstuhl zu zeigen, ist wichtig.

Überdenken Sie Ihren täglichen Ablauf und Ihre Fortbewegung in der Wohnung: Stützen Sie sich an den Wänden beim Gehen fest? Wie lange benötigen Sie für die Zubereitung zum Essen? Bereiten Sie sich allein zwei vollständige Mahlzeiten zu? (Tabelle 5 und 6, Anhang).

Während der Begutachtung kann der pflegende Angehörige ergänzende Hinweise geben. Er beschreibt, bei welchen Abläufen und in welchen Bereichen die Pflege besonders schwer ist und Hilfe nötig ist, nennt körperliche Einschränkungen und Behinderungen oder räumliche Engpässe.

Sagen Sie dem Gutachter, ob der Angehörige allein für die Pflege zuständig ist oder noch ein Pflegedienst hinzugezogen werden muss. Halten Sie die Adresse des Pflegenden und seine Bankverbindung ebenfalls bereit.

Verhalten Sie sich authentisch und beschönigen Sie Ihren Zustand nicht. Gerne neigen ältere Menschen dazu, zu zeigen, was alles noch möglich ist. Sie decken den Tisch mit Kaffee und Gebäck! Dies lässt für den Gutachter den Rückschluss zu, dass die häusliche Versorgung über das Maß noch alleine möglich ist.

Die anwesende pflegende Person ist berechtigt, in einem vier Augengespräch die tatsächliche Situation zu schildern und die Aussage der Pflegeperson zu korrigieren.

Der Gutachter bewertet sechs Lebensbereiche: Die Fähigkeit der Selbstversorgung wird am Höchsten gewichtet, gefolgt von der Selbstständigkeit des Patienten und die Art und Dauer des Pflegeaufwandes. Weniger Gewichtung hat die Alltagsgestaltung, Möglichkeit der Mobilität, die psychische Verfassung und Kommunikationsfähigkeit des Antragstellers. Nach einem Punktesystem, wieviel Unterstützung Sie in den einzelnen Bereichen benötigen, fließen die verschieden gewichteten Lebensbereiche in die Gesamtwertung ein und ergeben den Pflegegrad.

Das angefertigte Gutachten dient als Empfehlung für die Entscheidung des zuständigen Versicherungsunternehmens (Pflegekasse) über die Anerkennung eines Pflegegrades.

Die Auswertung der Begutachtung erhält der Patient schriftlich. Gegen den Bescheid kann innerhalb von 4 Wochen schriftlich Widerspruch eingereicht werden. Bei einem Widerspruch wird nochmals zeitnah eine erneute Begutachtung durchgeführt. Es macht Sinn, einen Widerspruch mit einem Rechtsanwalt professionell durchzuführen.

Hier ein Link zu den Leistungen der einzelnen Pflegegrade: *https://www.pflegestaerkungsgesetz.de/finanzielle-leistungen/alle-leistungen-ab- 2017-im-ueberblick/*

Als Entlastungshilfe, die von Pflegegrad 1-5 gezahlt wird, ist z. B. die Zahlung einer Reinigungskraft für die häusliche Wohnung gemeint, die allerdings nicht durch Angehörige gestellt wird, sondern von örtlichen ambulanten Pflegediensten.

Bei Patienten mit privater Krankenversicherung folgt einem Antrag auf Pflegegrad die Ankündigung eines Hausbesuchs von einem Pflegebegutachter von MEDICPROOF. Die MEDICPROOF GmbH ist ein Pendant zum MDK, ein medizinischer Dienst der privaten Krankenversicherungen.

Weitere Infos: *www.mdk.de* oder *www.pflegebegutachtung.de*

Begutachtung im Rahmen des Antrags auf Schwerbehinderung

Der Antrag auf Schwerbehinderung bei einer dauerhaften Erkrankung oder Behinderung kann nach dem 9. Buch SGB IX schriftlich oder online gestellt werden. Als schwerbehindert gilt derjenige, der einen Grad der Behinderung (GdB) von 50 oder mehr bescheinigt bekommt.

Der Antrag wird bei den Versorgungsämtern oder bei den Landesämtern für Soziales, Jugend und Familie der Bundesländer gestellt. Weiteres erfahren Sie auch unter *www.einfach-teilhaben.de*.

Die bewilligte Schwerbehinderung gilt ab Antragstellung!

Beigefügt werden müssen alle Arztbriefe, Entlassungsbriefe der stationären Krankenhausaufenthalte und Reha-Maßnahmen (alles in Kopie) und alle Adressen der behandelnden Ärzte.

Gleichzeitig ist es ratsam, eine genaue Beschreibung der Beschwerden und Beeinträchtigungen mitzuteilen.

Ein Lichtbild können Sie schon bei Antragstellung beifügen.

Falls Sie Probleme beim Ausfüllen des Antrags haben, bekommen Sie Unterstützung über ein Video des Versorgungsamtes. Ebenso können Ihnen Pflegestützpunkte, Sozialdienste im Krankenhaus und in einer Rehaklinik, Sozialverbände wie VdK und Schwerbehindertenvertretungen dabei weiterhelfen.

So traurig der Anlass einer Antragstellung auch ist, es ist vom Gesetzgeber ein Nachteilsausgleich für Menschen mit Behinderung vorgesehen und dies sollte man auch wahrnehmen.

Bei einer Schwerbehinderung mit einem Grad der Behinderung von beispielsweise 50 – 100 und einer Behinderung im Gehen mit dem Merkzeichen „G" oder beim Hören mit dem Merkzeichen „GI" kann man mit einer Selbstbeteiligung von 91 € pro Jahr (Stand Januar 2021) ein Beiblatt (Wertmarke) bei der zuständigen Behörde erwerben und den öffentlichen Nahverkehr mit Bus und Bahn deutschlandweit kostenlos nutzen. Oder man entscheidet sich für 50 % Ermäßigung auf die Kraftfahrzeugsteuer. Unter bestimmten Voraussetzungen bekommt man auch eine gesonderte Parkerlaubnis.

Die Entscheidung des Versorgungsamtes erfolgt nach Aktenlage oder durch einen Amtsarzt/Vertrauensarzt. Fügen Sie dem Antrag auch die Tabellen 1-6 (im Anhang) bei oder nehmen Sie diese zur Begutachtung mit. Die Vorbereitung auf ein medizinisches Gutachten beschreibe ich auf den Seiten 10 – 21.

Der Besitz eines Schwerbehindertenausweises wiegt auch beim Antrag auf Erwerbsminderungsrente und umgekehrt.

Als Nachteilsausgleich wird steuerlich der Pauschbetrag berücksichtigt. Je nach Grad der Behinderung und zusätzlichen Beeinträchtigungen kann er bei der jährlichen Steuererklärung geltend gemacht werden. So liegt der Pauschbetrag (Stand Januar 2021) bei einem GdB von 30 bei 620,- € und bei einem GdB von 100 bei 2840,- €. Es ist sogar möglich, dass der Pauschbetrag bis zu 4 Jahre rückwirkend berücksichtigt wird. Fragen Sie bei Ihrem Steuerberater oder dem Versorgungswerk nach.

Nachteilsausgleiche umfassen aber auch Ermäßigungen und Vergünstigungen im Berufsleben (Urlaubstage, Kündigungsschutz) und in der Freizeit (Ermäßigung bei Eintrittskarten).

Weitere Info: www.integrationsaemter.de

Berufsunfähigkeit als Mitglied in einem Versorgungswerk:

Einem Versorgungswerk der jeweiligen Berufsstände gehören kammerfähige freie Berufe wie beispielsweise Architekten, Ärzte, Apotheker, Notare, Rechtsanwälte, Steuerberater, Tierärzte, Wirtschaftsprüfer, Ingenieure, psychologische Psychotherapeuten und Zahnärzte durch eine gesetzliche Pflichtmitgliedschaft an.

Das jeweilige Versorgungswerk - geprägt durch landesrechtliche und satzungsrechtliche Bedingungen - bietet seinen Mitgliedern eine Alters-, Berufsunfähigkeits- und Hinterbliebenenversorgung.

Ein Mitglied hat Anspruch auf eine Berufsunfähigkeitsrente vom Versorgungswerk, wenn der Betreffende wegen seines Gesundheitszustandes mit seiner geistigen und körperlichen Arbeitskraft dauerhaft nicht mehr in der Lage ist, eine Tätigkeit in seinem Berufsstand auszuüben bzw. als Erwerbsquelle zu nutzen. In den Richtlinien der Versorgungswerke kann dies wie folgt ausgedrückt werden, wobei je nach Versorgungswerk die Formulierung und Voraussetzung abweichen kann:

"Ein Mitglied, welches wegen Krankheit oder eines körperlichen Gebrechens oder wegen Schwäche seiner körperlichen oder geistigen Kräfte oder Sucht voraussichtlich auf Dauer *(Heilung nicht möglich) nur noch in der Lage, im Durchschnitt weniger als drei Stunden täglich in dem Beruf *(berufsfremde Verweisung nicht möglich) tätig zu sein, und seine berufliche Tätigkeit einstellt oder eingestellt hat, erhält Berufsunfähigkeitsrente auf Dauer".

Der Antragsteller muss den Nachweis erbringen, dass die Voraussetzungen für eine Berufsunfähigkeit vorliegen. Dies erfordert in der Regel ein Gutachten eines nichtbehandelnden Arztes, dessen Kosten der Antragsteller übernimmt. Es sollte testiert werden, dass der Antragsteller aufgrund seiner Erkrankung den Beruf insgesamt nicht mehr ausüben kann. Das Versorgungswerk wird daraufhin ein weiteres Gutachten in Auftrag geben.

Bei einem berufsständischen Versorgungswerk ist immer das Risiko der vollständigen, 100 % Berufsunfähigkeit abgesichert, eine teilweise Berufsunfähigkeit ist nicht vorgesehen. Für den Eintritt der Zahlung muss eine absolute Existenzvernichtung drohen. Ein Verweis auf eine andere Tätigkeit außerhalb der eigenen Berufsgruppe findet nicht statt. Voraussetzung für die Zahlung ist die völlige Niederlegung der Berufstätigkeit.

Unterschiedliche Richtlinien und Bestimmungen je nach Versorgungswerk können u. a. für folgende Punkte gefordert werden:

Eine Befristung der Berufsunfähigkeit kommt für ein bis drei Jahre in Betracht. Eine zumutbare Heilbehandlung oder Reha Maßnahme kann vom Versorgungswerk gefordert werden.

Eine Berufsunfähigkeit liegt nicht vor, wenn das Mitglied durch eingeschränkte Arbeit (Teilzeitbeschäftigung) stundenweise in seinem Beruf noch in der Lage ist, seinen Lebensunterhalt sicherzustellen, auch wenn dieser nicht mehr das volle berufliche Spektrum mit seiner Arbeit abdecken kann. Ein Chirurg könnte z. B. noch gutachterlich, wissenschaftlich-forschend oder verwaltend in geringem existenzsicherndem Umfang tätig sein. Die Suche auf dem Arbeitsmarkt für eine entsprechende Tätigkeit bleibt dem Versicherten selbst überlassen. Das heißt: Versorgungswerke leisten keine Zahlung, solange noch irgendeine fachliche Tätigkeit möglich ist. Vorteile der berufsständischen Versorgung bei Berufsunfähigkeit sind in der Regel keine bis kurze Wartezeit (erfolgte Zahlung von ein bis drei Mitgliedsbeiträgen nach Eintritt ins Versorgungswerk) und keine Gesundheitsprüfung bei Eintritt ins Versorgungswerk.

Eine private Berufsunfähigkeitsrente leistet Zahlungen ab einer gesundheitlichen Einschränkung von 50 %. Hier muss der Antragsteller nachweisen, was er nicht mehr in der Lage ist zu leisten. Je nach Vertrag kann unter Umständen auf berufsfremde oder andere

Tätigkeiten in dem Beruf verwiesen werden. Versichert ist die zuletzt ausgeübte Tätigkeit. Seine Berufstätigkeit muss der Betroffene nicht aufgeben und kann weiterhin in geringem Maß tätig sein.

*Anmerkungen von Ruth Frings

Definitionen

Ein medizinisches Gutachten ist eine wissenschaftlich begründete, unparteiische Stellungnahme eines Arztes zu einer speziellen Fragestellung, die vom Auftraggeber des Gutachtens vorgegeben ist. Es werden der Gesundheitszustand und funktionelle Einschränkungen des Patienten beurteilt im Hinblick auf Ansprüche an die Solidargemeinschaft, einer Behörde oder einer Versicherung. Bei Fragestellung in Bezug auf den Pflegegrad wird ein Gutachten von einer medizinisch dafür ausgebildeten Person erstellt.

MDK: Medizinischer Dienst der Krankenversicherung und Pflegeversicherung zur Begutachtung vor Ort bei Antrag auf einen Pflegegrad. Der unabhängige, medizinisch qualifizierte Dienst berät die Krankenversicherung in medizinischen und pflegerischen Fragen im Hinblick auf Zweckmäßigkeit und Wirtschaftlichkeit der Leistungen. Er berät den Kranken und die Angehörigen, wie die häusliche Situation verbessert werden kann und über die Leistungen, die dem Kranken im Krankheits- oder Pflegefall zustehen. Weitere Info: www.mdk.de

MEDICPROOF®: Der medizinische Dienst für Versicherte in einer privaten Krankenkasse. Sie führen bei einem Antrag auf einen Pflegegrad vor Ort die Begutachtung durch. Die Mitarbeiter von MEDICPROOF urteilen und prüfen nach denselben Kriterien wie der MDK.

Behinderten-Pauschbetrag: Ein jährlich geltend zu machender Steuerfreibetrag, dessen Höhe abhängig ist vom Grad der Behinderung. Mit diesem Mindestbetrag, der ohne Einzelbelege angerechnet wird, werden alle zusätzlichen Aufwendungen als Schwerbehinderter wie Pflege und zusätzliche Ausgaben abgegolten.

Entlastungsleistung: Pflegebedürftige (Pflegegrad 1-5) haben einen Anspruch auf zusätzliche Betreuungs- und Entlastungsleistungen aus der Pflegekasse laut § 45b SGB XI. Dieser Betrag umfasst maximal 125,- € pro Monat (Stand Januar 2021). Ist der Betrag nicht vollständig genutzt, kann er bis zum 30.06. des Folgejahres angerechnet werden. Der Betrag ist einzusetzen für Leistungen zur Förderung der Selbstständigkeit der Pflegebedürftigen bei der Gestaltung seines Alltags. Es kann haushaltsnahe Dienstleistungen (Reinigung, Botengänge) oder Alltags- oder Pflegebegleitungen umfassen. Die Entlastungsleistung entlastet also auch pflegende Angehörige. Der Betrag wird nicht an den Pflegenden oder Angehörige ausgezahlt, sondern an einen Dienstleister im Pflegebereich.

Pflegegrad: Der Pflegegrad (1-5) drückt das Maß an Pflegebedürftigkeit eines Versicherten aus. Er wird bemessen nach dem Grad der noch vorhandenen Selbstständigkeit in verschiedenen Bereichen (Modulen). Nach dem Grad des Pflegegrades ergeben sich die zu zahlenden Leistungen aus der Pflegekasse.

GdB: Grad der Behinderung

Anamnese: Krankheitsgeschichte des Patienten mit aktuellen Beschwerden und vergangenen Krankheiten sowie der kurzen Krankengeschichte der nahen Verwandten. Sie umfasst die Fragen der aktuellen Medikamenteneinnahme, nach Alkohol-, Nikotin- und Drogenkonsum und therapeutischen Anwendungen. Bei der sozialen Anamnese wird dokumentiert, welche Ausbildung, beruflichen Werdegang und Familienstand der Patient hat.

Diagnoseschlüssel: Der Diagnoseschlüssel ist eine einheitliche Codierung der Diagnosen und Krankheiten nach einem internationalen Klassifizierungssystem. Er besteht aus einer 3 bis 5- stelligen Buchstaben- Zahlenkombination. Die Buchstaben A – U bezeichnen die Kategorie und die Zahlen die Krankheiten und ihre Untergruppen. Nach der Weltgesundheitsorganisation WHO wird diese Klassifikation ICD-10 Schlüssel genannt: Internationale statistische Klassifikation der Krankheiten und verwandter Gesundheitsprobleme.

Berufsunfähigkeitsrente: seit dem 1.1.2001 gibt es die Berufsunfähigkeitsrente nicht mehr. Bis zum 31.12.2000 war dies eine Leistung der gesetzlichen Rentenversicherung. Ausnahme: Für Jahrgänge, die vor 1961 geboren sind, trifft die "alte Regelung" noch zu.

Private Berufsunfähigkeitsrente: Die Absicherung in Form einer Berufsunfähigkeitsversicherung kann man privat für den Fall abschließen, dass gesundheitliche Beeinträchtigungen wie Krankheit oder Verletzung einen dauerhaft hindern, in dem zuletzt ausgeübten Beruf tätig zu sein. Dies kann man je nach Versicherungsmodell als reine Berufsunfähigkeitsversicherung (BU) abschließen oder als Berufsunfähigkeitszusatzversicherung (BUZ) gekoppelt an eine Lebens-, Risiko- oder Rentenversicherung oder als Einschluss in eine betriebliche Altersvorsorge. Die Zahlungsdauer und Höhe der Rente richtet sich nach der der vertraglich abgeschlossenen Versicherungspolice.

Bei einer Berufsunfähigkeit ist es der Person unter Umständen zuzumuten, eine andere Tätigkeit als den zuletzt ausgeübten Beruf aufzunehmen, um seinen Lebensunterhalt zu verdienen. **Erwerbsunfähigkeit** liegt vor, wenn sämtliche berufliche Tätigkeiten - auch geringerer oder weniger qualifizierter Art - wegen des schlechten Gesundheitszustandes nicht ausgeübt werden können.

Volle Erwerbsminderungsrente ist die frühere Erwerbsunfähigkeitsrente (EU Rente, bis 31.12.2000). Seit dem 01.01.2001 wird die Erwerbsminderungsrente gezahlt, wenn man aus gesundheitlichen Gründen nicht mehr arbeitsfähig ist.
Für die neue **Erwerbsminderungsrente** (EM Rente) gilt: Die Höhe der Rente richtet sich danach, wie lange der Versicherte pro Tag

noch arbeiten kann. Es wird zwischen der vollen und teilweisen Erwerbsminderungsrente unterschieden: Sind es weniger als drei Stunden täglich, die der Versicherte noch arbeiten könnte, gibt es die volle Erwerbsminderungsrente, bei drei bis sechs Stunden täglich nur die halbe, genannt teilweise Erwerbsminderungsrente. Die Zahlung richtet sich nach versicherungsrechtlichen und medizinischen Voraussetzungen. Bei den medizinischen Voraussetzungen wird geprüft, ob eine Rehabilitationsmaßnahme im Vorfeld zur Verbesserung der Arbeitsleistung beitragen kann: Reha vor Rente! Der Antrag auf Erwerbsminderungsrente wird beim zuständigen Rentenversicherungsträger gestellt.

Volle Erwerbsminderung: Der Versicherte kann durch Unfall, Krankheit oder Behinderung seinen Lebensunterhalt nicht mehr durch eine berufliche Tätigkeit verdienen. Voll erwerbsunfähig heißt, der Versicherte kann weniger als drei Stunden täglich arbeiten und zwar nicht nur in seinem Beruf, sondern in keinem Beruf. Eine volle Erwerbsminderung kann vorübergehend oder dauerhaft gezahlt werden, je nach Ergebnis des Gutachtens.
In der Regel wird die Rente nach der Bewilligung zunächst für drei Jahre gezahlt und dann erneut überprüft. Ergibt sich keine Besserung der Leistungsfähigkeit, wird die volle Zahlung der Erwerbsminderungsrente fortgesetzt. Ist der Versicherte in der Lage drei bis sechs Stunden täglich zu arbeiten, wird sie in eine teilweise Erwerbsminderungsrente umgewandelt. Ist der Versicherte sogar nach einem erneuten Gutachten in der Lage sechs Stunden oder mehr täglich zu arbeiten, wird die Zahlung eingestellt.

Teilweise Erwerbsminderung: liegt keine volle, sondern eine teilweise Erwerbsminderung vor, bedeutet dies, dass der Versicherte in der Lage ist, mehr als drei, aber höchstens sechs Stunden pro Tag zu arbeiten. Die Tätigkeit, die noch ausgeübt werden kann, muss nicht dem zuletzt ausgeübten Beruf entsprechen.
Die Rente wird zunächst für drei Jahre bewilligt und dann erneut überprüft. Wird durch ein erneutes Gutachten festgestellt, dass der

Gesundheitszustand sich gebessert hat und die Person mehr als sechs Stunden arbeiten kann, entfällt die teilweise Erwerbsminderungsrente. Hat sich hingegen der Zustand verschlechtert, dass die Person nur noch weniger als drei Stunden arbeiten kann, wird die volle Erwerbsminderungsrente gezahlt.

Anhang Tabellen

Die folgenden sechs Tabellen dienen als Hilfestellung zur Vorbereitung für ein medizinisches Gutachten.

Sie können von Ihnen ergänzt, erweitert und abgeändert werden.

Ich freue mich über ein Feedback! Lassen Sie mir Ihre Ergänzungen gerne zukommen.

Hier ein ausgefülltes Beispiel für die Tabelle 1:

*Eigene Krankengeschichte in chronologischer Reihenfolge, **Beispiel:***

Jahr	Art der Erkrankung	Symptom	Wo / wie wirkt es sich aus
2010	MS Erstdiagnose	Heberschwäche rechtes Bein	Rechtes Bein kann nicht gehoben werden
2012	Arthrose in beiden Knien	Schmerzen, Entzündung	Kein Knien möglich
2014	Verschlechterung MS	Einschränkung der Gehstrecke	Bei täglichen Abläufen
2015	Zunahme der Fatigue	Konzentriertes Arbeiten im Stück max. 1,5 Std. möglich	Ab 21.00 Uhr keine Konzentration u. keine Teilnahme an Gesprächen mehr möglich
2016	MS	Verkürzung der Gehstrecke auf 400 m	Vermehrtes Stolpern
2016	Harnblase (MS bedingt)	Unkontrollierter Harnabgang	Einnässen

Tabelle 1: Eigene Krankheitsgeschichte in chronologischer Reihenfolge

Jahr	Art der Erkrankung	Symptom	Wo / wie wirkt es sich aus?

Tabelle 2 a: Individueller Tagesablauf bei der Hausarbeit

Tageszeit	Körperliche und psychische Leistung vor der Krankheit (Tagesablauf)	Körperliche und psychische Leistung mit der Krankheit (Tagesablauf)	Woran ist dies festzumachen bzw. zu erkennen? Welche Beschwerden treten auf?
Morgens			
Vormittags			
Mittags			
Nachmittags			
Abends			
Nachts			

Tabelle 2 b: Individueller Tagesablauf bei der Arbeitszeit

Tageszeit	Körperliche und psychische Leistung vor der Krankheit (Tagesablauf)	Körperliche und psychische Leistung mit der Krankheit (Tagesablauf)	Woran ist dies festzumachen bzw. zu erkennen? Welche Beschwerden treten auf?
Morgens			
Vormittags			
Mittags			
Nachmittags			
Abends			
Nachts			

Tabelle 3: Stundenprotokoll der Arbeitszeit und Hausarbeit vor und nach der Erkrankung

	Zeiten vor der Erkrankung	Zeiten nach der Erkrankung
Montag	Arbeitszeit Hausarbeit	Arbeitszeit Hausarbeit
Dienstag	Arbeitszeit Hausarbeit	Arbeitszeit Hausarbeit
Mittwoch	Arbeitszeit Hausarbeit	Arbeitszeit Hausarbeit
Donners-tag	Arbeitszeit Hausarbeit	Arbeitszeit Hausarbeit
Freitag	Arbeitszeit Hausarbeit	Arbeitszeit Hausarbeit
Samstag	Arbeitszeit Hausarbeit	Arbeitszeit Hausarbeit
Sonntag	Arbeitszeit Hausarbeit	Arbeitszeit Hausarbeit
Gesamt	Arbeitszeit Hausarbeit	Arbeitszeit Hausarbeit

Tabelle 4: Leistungsvermögen

Fähigkeiten	Einschränkung leicht	Einschränkung mittel	Einschränkung stark	Nicht mehr möglich
Antrieb				
Ausdauer, körperlich				
Einfühlungsvermögen				
Gedächtnis				
Konzentration				
Kontaktfähigkeit				
Kritikfähigkeit				
Merkfähigkeit				
Motivation				
Selbstmanagement				
Selbstbeherrschung				
Stressbewältigung				
Teamfähigkeit				
Gehen				
Sitzen				
Stehen				
PC Arbeit				
Autofahren				
Sonstiges				
Eigene:				
Eigene:				

Tabelle 5: Übersicht der Unterstützung und Hilfe im Haushalt

Fremde Hilfe	Wobei?	Wie oft?
Beispiel: Tochter	*Haare wachsen*	*2mal pro Woche*

Tabelle 6: Übersicht der Hilfsmittel

Hilfsmittel	Wobei?	Wie oft?
Beispiel: Gehstock	*Spaziergängen*	*täglich*

Eigene Notizen

Literatur

Ertl, Nikolaus, Marburger, Horst, Früher in Rente, Bürokratische Hürden auf dem Weg zur Erwerbsminderungsrente sicher meistern, 21.,aktualisierte Auflage, Regensburg, Walhalla Fachverlag, 2020

Rose, Rena, Nicht lange fackeln, Erwerbsminderungsrente JETZT, Norderstedt, BoD – Bookson Demand, 2019

Schewe, Petra, Ratgeber Erwerbsminderungsrente, zuverlässiger Wegweiser und Praxishelfer für Versicherte, Wiesbaden, Springer Fachmedien GmbH, 2017

Olischer, Florian, Plötzlich krank und berufsunfähig, Der Ratgeber zum Thema Krankengeld, Schwerbehinderung, Erwerbsminderungsrente, Arbeitslosengeld und Pflegegeld, Polen Wroclaw, by Amazon Fulfillment, 2017

Danken...

...möchte ich meinem Freund und Kollegen Dr. med. Armin Wunder für die kritischen Anmerkungen und die Zeit, die er mir immer wieder schenkt beim Korrekturlesen meiner Ratgeber.

...möchte ich meiner Tochter Sophie Frings für die Ideen des Layouts und die Motivation für diesen Ratgeber.

...möchte ich Herrn Rechtsanwalt Jan-Martin Weßels, der mich bei meinen Verfahren der Schwerbehinderung und Berufsunfähigkeit begleitet hat. Seine Vorlagen haben mich motiviert, die Tabellen im Anhang zu erstellen.

Über die Autorin

Ruth Frings war über 21 Jahre praktizierende Ärztin in eigener Praxis. Nach dem Studium der Humanmedizin in Göttingen und Frankfurt am Main hat sie als Assistentin in der Radiologie und Inneren Medizin gearbeitet.

Die homöopathische Ausbildung mit Zusatzbezeichnung hat sie 1995 erlangt.

Ihre Patienten hat sie in ihrer hausärztlichen Praxis mit dem Schwerpunkt Homöopathie in der Region Hannover über viele Jahre begleiten dürfen.

Zur eigenen Therapie half ihr u. a. die Systemische Aufstellungsarbeit. Sie erlangte im Zuge dessen das Zertifikat zur Systemischen Beraterin und Therapeutin (ISWT) / Systemische Strukturaufstellerin nach SyST®.

Sie ist Mutter von 3 erwachsenen Kindern und hat ein Enkelkind.

Seit 2016 ist sie durch ihre fortschreitende Multiple Sklerose-Erkrankung berufsunfähig. Sie möchte ihr über die Jahre gesammeltes Wissen weitergeben und verfasst mehrere Ratgeber rund um das Thema physische und mentale Gesundheit.

Weitere Bücher & Veröffentlichungen von Ruth Frings

Ratgeber:
Homöopathische Warzenbehandlung nach dem Mondkalender:
Einfach und sicher verstehen und anwenden

Erhältlich als
eBook: ISBN: 978-3-347-06889-6

Hardcover: ISBN: 978-3-347-06888-9

Paperback: ISBN: 978-3-347-06887-2

Podcast:
PodcastDoc von Ruth Frings auf Spotify, Anchor und iTunes

Youtube.com: MedizinRatgeber.info

Außerdem:

www.Diagnose-schwerkrank.de

www.AufstellenAmSystembrett.de

Kontakt: ruthfrings@gmx.de

Zeitfracht Medien GmbH
Ferdinand-Jühlke-Straße 7
99095 Erfurt, Deutschland
produktsicherheit@kolibri360.de